血型小將
ABO
7

RealCrazyMan◎著　　彭玲林◎譯

以血型論性格的虛構性

學弟K君，他是A型。

他有一個在一起很久的女朋友，她也是Ａ型。

他極為推崇並滿意女友是Ａ型。

如此堅信不疑的 K 君，
不期然地發現女友的重大事實——

原來女友是 B 型！

在那之後，

K 君女友的說話方式變得有話直說，
而且也比以前愛發脾氣。

不對，只能說是 K 君個人感受……

🌢 比馬龍效應與烙印效應

如果期望某血型具有某種性格的話，長久下來，

某血型就會真的變成那樣。

🌢 巴納姆效應

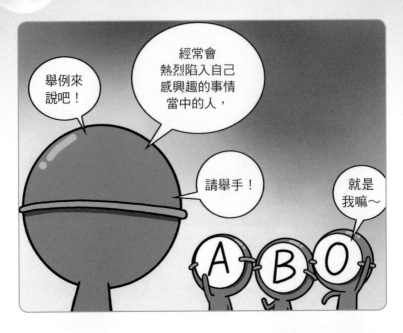

目次

 序 以血型論性格的
虛構性

Part 1 顛覆小將COSPLAY秀
Blood Type Cosplay

Part 2 宅宅小將宅在家
Blood Type Staying Home

Part 3 血型小將自問自答
Blood Type Question Themselves

Part 1

顛覆小將
COSPLAY秀

Blood Type Cosplay

白雪公主

在此先告知，本篇漫畫是改編並惡搞原本的
白雪公主故事而成。

在這之後，白雪公主就跟血型小將一起生活。

然而，嫉妒白雪公主美貌的壞心腸皇后，
變裝成老太婆，
遞給白雪公主一顆毒蘋果。
「漂亮的公主殿下～請嚐嚐這顆蘋果。」
「天啊！謝謝了～♪」

等血型小將們回來時，已經太遲了！

血型小將們非常傷心，
把白雪公主放入玻璃棺裡。
王子看到被擺在玻璃棺裡的白雪公主，
如此這般之後，在搬動玻璃棺時，
卡在白雪公主喉嚨中的蘋果彈了出來，
於是公主醒了過來！

2 血型童話故事

🩸 樵夫與鹿

A型

請問,有沒有一頭鹿…

O型

請問,有沒有一頭鹿經過這裡?

AB型

● 仙女與樵夫

A型

B型

O型

AB型

金斧頭與銀斧頭

A型

B型

O型

AB型

哥吉拉出沒

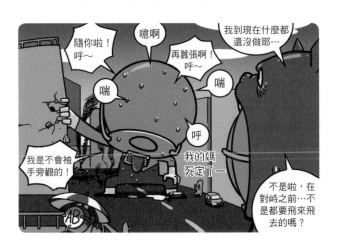

*英雄的四大條件：力量／智慧／漂亮女朋友／過度反應

機器人提案

上週哥吉拉出現的時候，對市區造成嚴重損害，

嘞啦啦啦一

請一面看某位市民寄來的資料畫面，一面聆聽相關報告。

由於O戰警的過度反應，造成物質與人員的巨大損害。

不過，在現階段
不是沒有其他的
替代方案嗎？
張博士？

沉思

不對！
有替代方案！

A型

雖然基本上是對付哥吉拉的戰鬥機器人，

但救人與維安等功能

也必須擁有才行！

所以，設計成戰鬥、消防、指揮交通等多功能用途。

需要的功能都納入了～

都教授？

真兇

滅火用水

B型

O型

AB型

由於以上的奇怪提案，研究所被歸類為令人嫌惡的機構，因而關閉了。

於是，張博士變成了鬍鬚張……

獨木橋事件

改編自 K 君提供的故事而成。

當小將在獨木橋上相遇時的反應。

A型

很大方地讓對方先過。

B型

自己率先過橋。

O型

對突發狀況一陣驚慌之後，

像賭徒般的決定。

AB型

依照邏輯，一步一步克敵制勝。

6 超能力之謎

感謝提供點子的 M 君。

A型所擁有的超能力是——

看破人性的讀心術。

Ｏ型則是——力大無窮的都叫獸。

AB型擅長的是——心靈控制魅惑術。

B 型的強項是——挑撥離間分化術。

Part **2**

宅宅小將
宅在家

Blood Type Staying Home

7 血型牌鬧鐘

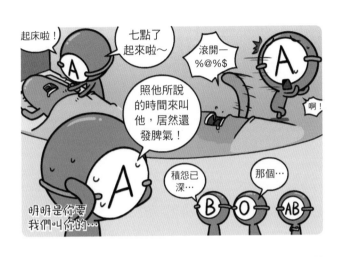

64

第二天早上

8 停電驚魂

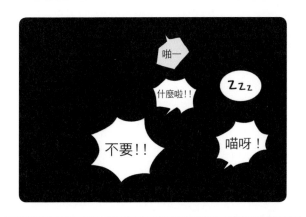

9 老媽的症頭

以人們在一般情況下的對話為例。

與母親的對話則是──

突然說出完全不相關的話題，擊中要害。

就這樣，本來的對談變得非常不愉快。

B型的腦袋該不會是長這樣吧！

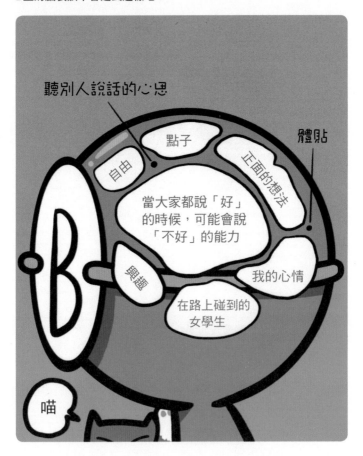

B型之間的談話則是……

絕對沒有連貫性！

若是仔細聽兩人的對話，

肯定搞不懂那談話的重點何在……

更令人吃驚的是母親的自我感覺良好。

直到幾天前，老媽好像還是不知道的樣子……

搬家吧！

感謝留學美國的 H 君提供故事。

囊括所有血型的阿姨一家人。

O型姨丈　　AB型阿姨　　A型表弟　　B型表妹

即便是遇到綠豆芝麻大的小事，也會暴跳如雷的姨丈，

以及跟他完全相反的理性阿姨。

遇到事情，不要受制於低級的內在情緒，而是要用冷靜的頭腦解決問題才對～

不，這樣的話，以後就會變得像你爸一樣

啊…是…

我可是養了三個小孩的人呀～兩小一大…

有一天，姨丈然提出——

. . . .

衝動搬家計畫！

然後，

後續處理永遠是阿姨的份內事。

個性分明的血型家人。

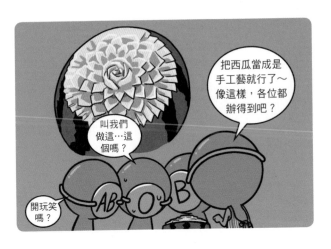

老爸發怒了

L 君用回收紙寫功課，結果一翻面發現是爸爸的公司文件。

擔心了好一陣子之後，從冰箱裡拿出菠蘿麵包吃。

照著實情一股腦說出來，可是卻跟預期的不一樣，老爸居然覺得沒什麼。

 水管結凍

請利用舊衣服、毛巾等，不論是什麼工具或方法，儘可能做好防凍措施。我會檢查的!!

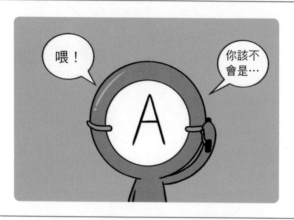

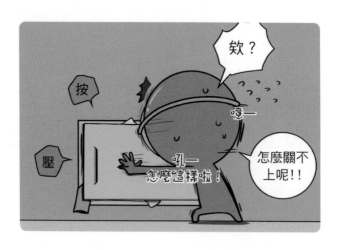

 滅蚊大戰

每到了夏天的晚上，

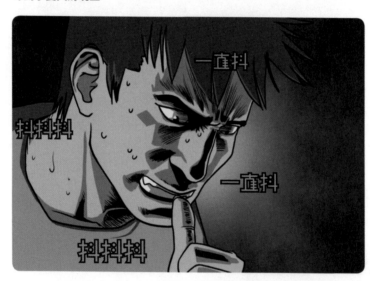

聞到血腥味就不請自來的——

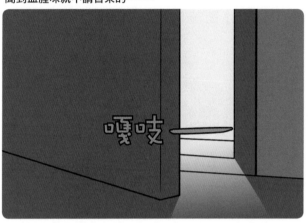

恐怖不速之客！

A型

雖然做好了對付蚊子的萬全準備，

但卻因為其他的擔心，一樣失眠到天亮……

B型

對周圍環境麻木不仁的B型，

早上也可能會嚇一大跳。

O型

一旦有了目標之後，就會發揮驚人的集中力，

一直戰鬥到把蚊子消滅為止。

AB型

蚊子偏好特定血型的說法，是沒有科學根據的迷思～

為了制定更為根本的對策，重要的是掌握蚊子的習性！

嘖嘖

無藥可救的傢伙們～

最好是在蚊子會進來的地方，放薄荷之類味道強烈的香草，還有穿著蚊子討厭的色彩鮮豔的衣服～

蚊子在潮濕的地方繁殖，所以，要去除積水～

據說撒些肉桂粉也有幫助！

抓抓搔搔

喔！

最重要的就是要經常洗澡！

據說蚊子非常喜愛汗臭味～

幹嘛對著我說呢！！

骯髒的傢伙們！

原來

15 A上加A

感謝 K 君提供的故事。

「我們是五口之家，爸爸、媽媽、二個姊姊以及我全都是A型。」

「因為全部都是A上加A，」

「一旦吵架的話，基本上是一個月，最長甚至到九個月，彼此互相不講話。」

K君啊～請跟家人們手牽著手，一起去接受諮商吧！
彼此交談是很必要的啊！

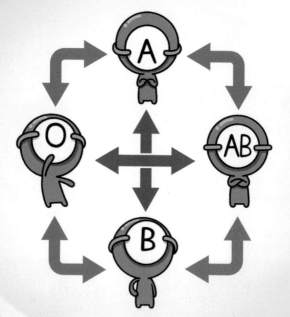

Part 3

血型小將
自問自答

Blood Type Question
Themselves

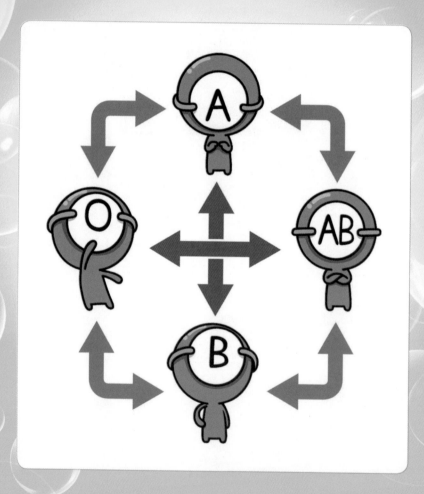

藍色線條表示是和睦友好的關係。

相比之下，紅色線條則是互斥的關係。

呀，你這個*&#*@的傢伙！

紅色線條的關係，可代表對自己不足部分的嚮往；

以及察覺「道不同，不相為謀」的衝突感。

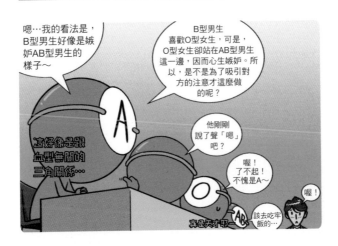

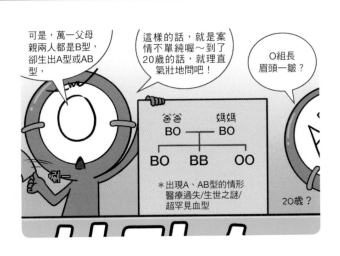

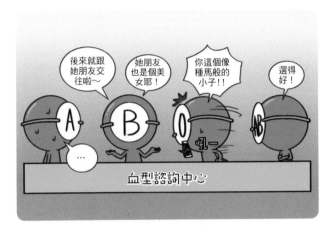

18 A型之家

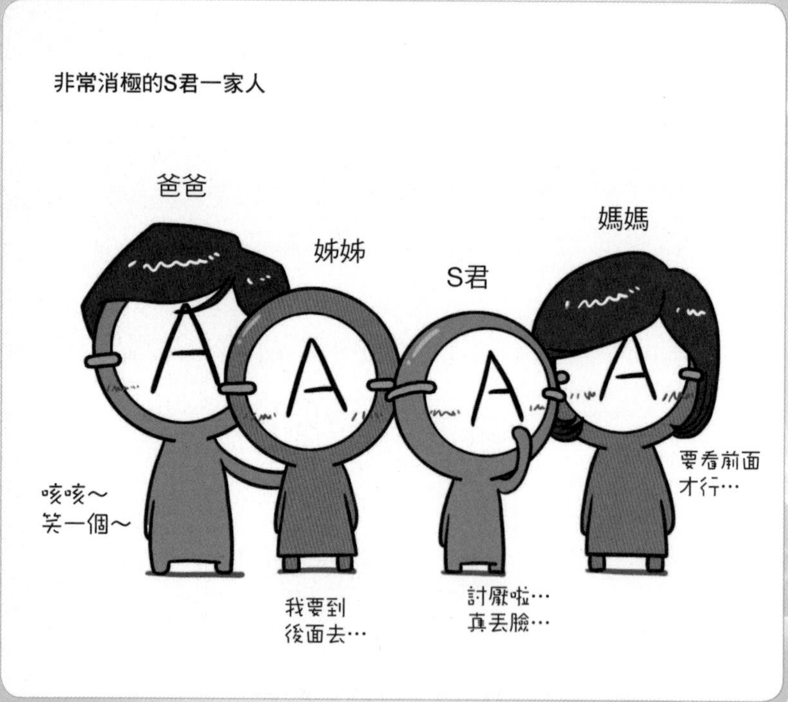

非常消極的S君一家人

爸爸

姊姊

S君

媽媽

要看前面
才行…

咳咳～
笑一個～

我要到
後面去…

討厭啦…
真丟臉…

🩸 旅行計畫

● 旅行準備

🔷 用餐時間

🔷 避暑勝地

據說S君一家人若是吵架的話，也會好幾天不說話的……
（請參考第15話）

19 B型一家親

我們全家都是B型。

所以，即便是遇到芝麻小事，也經常提高說話的音量。

雖然經常拉高嗓門大吵一架，不過，在其他時候——

可以感覺到非常珍惜對方。

就這樣，大家情感豐富，家人間的感情很濃。

20 神祕A型

雖然說每個血型各有各自的喜好，

但是，即使是同樣的血型，也不盡相同。

在當實習老師時，認識一位S君，雖然他是A型，

但卻是個性不像A型的暴衝男。

這樣的他，卻意外地也有像A型的地方——是那種容易受傷、而且傷很久的類型。

在我們周圍有些「少見的」、

「各形各色的」A型。

這樣的A型很能配合對方的心情，所以很受歡迎。

還有，在這種人當中，也有人被誤會成是完全不同的血型……

僅將此篇送給以O型身份度過每一天的朋友Y君（A型）。

21 焦慮大爆發

協同效應（Synergy effect）是指「1+1大於2」的概念。
相同血型們聚在一起的話，角色的特性就會產生協同效應。

一群朋友們參加完簡單的喝酒聚會之後，互道再見。

一邊用即時通訊軟體繼續聊天，一邊回家。

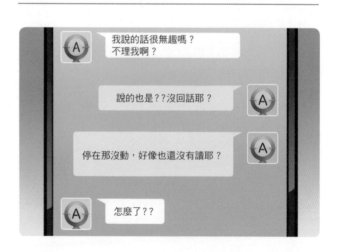

兩個A型商量好了對策，對策1——

十分鐘後……

對策2——

五分鐘後……

對策3——

三分鐘後……

結果只好請求公權力的協助。

兩個A型朋友開始責怪自己，並且嚎啕大哭

結果馬上就接到警察的電話！

22 電車 “吃” 漢

朋友 Y 君的故事

Y君在電車中嚼著泡泡糖。

正想要吹泡泡時，

因為用力不當，結果就變成發射泡泡糖！

同車廂的人們開始騷動起來。

大為驚慌的Y君，

腦袋裡閃過成千上萬個念頭。

車廂陷入極度恐慌之中。

Y君只能立刻在下一站下車了。

23 少女之怒

艾琳是馬來西亞人，在濟州島經營民宿。

她是……

● 最讓她火大的事情

雖然平常對員工的失誤都寬大以待，但是——

由於是B型，怒點似乎有些不一樣呢！

🔵 最讓她高興的事情

同一天、同一件事可以看到她最火大與最高興的樣子……

● 帶塔瑪拉去散步

艾琳帶著塔瑪拉到附近的山坡散步。

歐巴桑在山裡看到狗，嚇了一跳而大發雷霆。

這次的怒點就顯得很有邏輯……

FAC0354

血型小將7 ABO

作　者
RealCrazyMan（朴東宣）

譯　者
彭玲林（O）

責任編輯	林巧涵（O）	董事長	趙政岷（O）
美術設計	溫國群（A）	總經理	
內文排版	黃雅藍（B）	總編輯	余宜芳（O）
執行企劃	張燕宜（AB）	執行副總編	丘美珍（B）

出版者　信箱　臺北郵政七九一九九信箱

時報文化出版企業股份有限公司　時報悅讀網 http://www.readingtimes.com.tw

10803台北市和平西路三段二四〇號四樓　第一編輯部臉書／http://www.facebook.com/readingtimes.fans

客服專線　（〇二）二三〇六一六八四二　流行生活線臉書／https://www.facebook.com/ctgraphics

讀者服務專線　〇八〇〇一二三一一七〇五　理律法律事務所　陳長文律師、李念祖律師

（〇二）二三〇四一七一〇三　印刷　華展印刷有限公司

讀者服務傳真　（〇二）二三〇四一六八五八　初版一刷　二〇一四年七月四日

郵撥　一九三四四七二四時報文化出版公司　初版四刷　二〇一五年七月二十九日

定價　新台幣一九九元

國家圖書館出版品預行編目資料

血型小將ABO 7／朴東宣著；彭玲林譯.--初版.
-- 臺北市：時報文化,2014.7-
ISBN 978-957-13-6007-2（平裝）

1. 血型　2.漫畫

293.6　　　　　　　　　100024275